글쓴이 한상남
청주대학교 국어국문학과를 졸업한 뒤, 중앙대학교 신문방송대학원을 수료했습니다. 《한국문학》 신인상으로 등단했고, MBC 창작동화 대상을 받아 동화 작가가 되었습니다. 작품으로는 〈백범 김구〉, 〈정약용〉, 〈어린이 장자〉, 〈게으름뱅이들의 천국〉 등이 있습니다.

그린이 백은하
한국출판미술가협회 회원으로 프리랜서 일러스트레이터입니다. 작품으로는 〈마더 테레사〉, 〈간디〉, 〈헬렌 켈러〉, 〈탈무드 동화〉, 〈세계의 민화〉, 〈명작 동화〉 등이 있습니다.

펴낸이 김준석 **펴낸곳** 교연미디어 **편집 책임** 이영규 **리라이팅** 이주혜 **디자인** 이유나 **출판등록** 제2022-000080호 **발행일** 2023년 2월 15일
주소 서울시 관악구 법원단지 16길 18 B동 304호(신림동) **전화** 010-2002-1570 **팩스** 050-4079-1570 **이메일** gyoyeonmedia@naver.com

*이 책에 실린 글과 그림의 무단 복제 및 전재를 금합니다.

【학문의 기초와 발전을 이끈 위인들】

김정호
-대동여지도 이야기-

한상남 글 | 백은하 그림

대한민국

"헉헉헉!"
오늘도 정호는 부지런히 언덕 위로 올라갔어요.
'저 산줄기는 어디에서 어디까지 이어지는 걸까?'
정호는 불쑥불쑥 솟아 있는 산봉우리를 보며 생각했어요.
이번에는 졸졸졸 강물이 흐르는 곳으로 갔어요.
'저 강은 어디에서 어디까지 이어져 있을까?'
정호는 마을의 모습이 어떻게 생겼는지 무척 궁금했어요.

그러던 어느 날,
정호는 마을의 모습을 그린 지도를 보게 되었어요.
하지만 곧 실망하고 말았지요.
실제 마을의 모습과 지도는 너무나도 달랐거든요.
"이런 엉터리 지도는 쓸모가 없어.
내가 직접 지도를 그려 보자."
그 뒤, 정호는 마을 구석구석을 돌아다니며
지도를 하나하나 고쳤답니다.

어느덧 김정호는 나이가 들어 장가를 갔어요.
하지만 김정호의 머릿속에는 우리나라를 한눈에 볼 수 있는
정확한 지도를 만들어야겠다는 생각뿐이었어요.
결국 김정호는 지도를 만들기 위해 집을 떠났어요.
새로운 길을 지나갈 때마다 종이에 그렸고,
강을 건너고 산을 오를 때도 표시를 했지요.
"이렇게 전국을 다 돌아다니다 보면
정확한 지도를 만들 수 있을 거야."
하지만 무작정 돌아다니면서
지도를 만드는 것은 *한계가 있었어요.

*한계는 힘이나 책임, 능력 따위가 다다를 수 있는 범위예요.

"예전에 그렸던 지도가 있다면 참고를 할 수 있을 텐데……."
김정호는 지도를 보기 위해 *규장각을 찾아갔어요.
"이곳에 지도가 있다던데 한번 볼 수 있을까요?"
김정호가 규장각을 지키는 관리에게 물었어요.
"지도는 아무에게나 보여 주는 게 아니오."
관리는 딱 잘라 거절했지요.
당시 지도는 나라의 비밀에 속하는 것이어서
아무나 볼 수 없었대요.

규장각이 있었던 창덕궁 주합루 일대
규장각은 조선 시대 왕실의 도서관으로, 다양한 자료가 보관되어 있었어요.

실망한 김정호에게 최한기라는 선비가 다가왔어요.
"우리 집에 지도가 좀 있는데 그거라도 보여 드릴까요?"
"그게 정말이십니까? 감사합니다."
최한기는 김정호를 자신의 집으로 데리고 갔어요.
그리고 가지고 있던 지도를 꺼내 놓았지요.
"자, 여기 있으니 마음껏 살펴보시오."
지도를 들여다보던 김정호는 고개를 설레설레 저었어요.
"이 지도는 정확한 것이 아닙니다. 이것을 좀 보십시오."
김정호는 품속에서 자기가 그린 지도를 꺼내 보여 주었어요.
"아니, 이것을 당신이 직접 만들었단 말입니까? 대단하군요"
김정호의 지도를 본 최한기는 깜짝 놀랐답니다.

이후로도 김정호는 지도를 만드는
일에 온 힘을 기울였어요.
김정호는 지도를 만드는 일에
도움이 된다면
아무리 멀고 험한 곳이라도
망설이지 않고 달려갔어요.
'정확한 지도를 만들려면
이 정도는 견뎌야지.'
김정호는 힘이 들 때마다
마음을 굳게 다잡았답니다.

하지만 시간이 지날수록 김정호는 점점 지쳐갔어요.
나이를 먹어 몸에 힘이 빠지고,
돈도 다 떨어져 거지꼴로 길을 헤매기도 했어요.
어느 날엔 산속에 들어갔다가
무서운 호랑이를 만나기도 했답니다.

결국 김정호는 집으로 돌아갔어요.
그러고는 그동안 모은 자료를 바탕으로
꼼꼼하게 지도를 그려 나가기 시작했지요.
이렇게 만들어진 지도가 바로 *〈청구도〉예요.
〈청구도〉에는 각 고을의 *경계는 물론,
산, 강, 섬, 고개, 성곽, 시장, *봉수 등의 위치까지
정확하게 표시되어 있답니다.

*〈청구도〉는 김정호가 1834년 제작한 지도로, 전국에 축척(실제 거리를 지도에 일정하게 줄인 비율)을 동일하게 적용하여 만들어졌답니다.
*경계는 사물이 어떠한 기준에 의하여 나누어지는 한계예요.

남산 봉수대(복원)
봉수대는 불을 피워 낮에는 연기로, 밤에는 불빛으로 신호를 보냈던 통신 수단이에요.

"아직도 뭔가 부족해."
김정호는 〈청구도〉를 일일이 살펴보며
빠진 것, 부족한 것들을 채워 넣기 위해 노력했어요.
그러는 동안 김정호에게 슬픈 일이 닥쳤어요.
김정호 대신 집안을 돌보던 아내가 세상을 떠나고 만 거예요.
"여보, 그동안 고생만 시켜서 미안하오.
이제 하늘에서 편히 쉬구려. 흑흑흑……."
김정호는 아내의 곁에서 오랫동안 눈물을 흘렸답니다.

김정호는 슬픔을 잊으려는 듯,
밤낮으로 지도를 그리는 일에 매달렸어요.
얼마 후, 새 지도의 밑그림이 완성되었어요.
'이제 밑그림을 목판에 새겨야겠다.'
딱딱한 목판에 지도를 새기는 일은 무척 힘들었어요.
"아버지, 제가 도와드릴게요."
"고맙구나."
김정호는 딸의 도움을 받으며
목판을 하나씩 하나씩 완성해 나갔답니다.

1861년, 우리나라의 지도를 그린 목판 22첩이 완성되었어요.
"드디어 끝났구나!"
김정호는 목판을 보며 *뿌듯한 표정을 지었어요.
"어디 한번 찍어 볼까?"
김정호는 목판에 먹을 바른 후,
종이를 대고 꾹꾹 눌러 한 장씩 찍어 냈어요.
김정호가 피땀 흘려 완성한 이 지도가 바로
'동쪽 큰 나라의 지도'라는 뜻을 가진
〈대동여지도〉랍니다.

*뿌듯하다는 기쁨 등으로 가득 차서 벅차다는 뜻이에요.

'이 지도는 나라를 다스리는 데 많은 도움이 될 거야.'
김정호는 위험을 무릅쓰고 〈대동여지도〉를 나라에 바쳤어요.
당시 지도는 국가의 비밀로 여겨졌기 때문에
지도를 그리는 것은 매우 위험한 일이었어요.
지도를 봤다는 이유로 감옥에 갇히는 사람도 있었대요.
하지만 김정호의 지도는 관리들마저 감탄하게 만들었어요.
"정말 *세밀하고 정확한 지도로군."
"나랏일을 하는 데 도움이 많이 되겠어."
오직 정확한 지도를 만들겠다는 생각으로 일생을 바친 김정호.
김정호의 끈기와 탐구 정신으로 완성된 〈대동여지도〉는
그의 높은 뜻과 함께 나라의 귀한 보물로 전해지고 있답니다.

*세밀하다는 자세하고 빈틈없이 꼼꼼하다는 뜻이에요.

김정호 따라잡기

1804년	황해도 토산에서 태어났어요.
1834년	지리지(특정 지역의 인문지리적 현상을 연구하여 기록한 책) 《동여도지》와 〈청구도〉라는 지도를 만들었어요.
1851년	지리지 《여도비지》를 편찬하였어요.
1856년	〈동여도〉라는 지도를 만들었어요.
1861년	〈청구도〉와 〈동여도〉를 보완하여 〈대동여지도〉를 만들었어요.
1866년	지리지 《대동지지》를 편찬하였어요. 세상을 떠났어요.

김정호
연관검색

김정호 평생의 역작, 고산자의 <대동여지도>

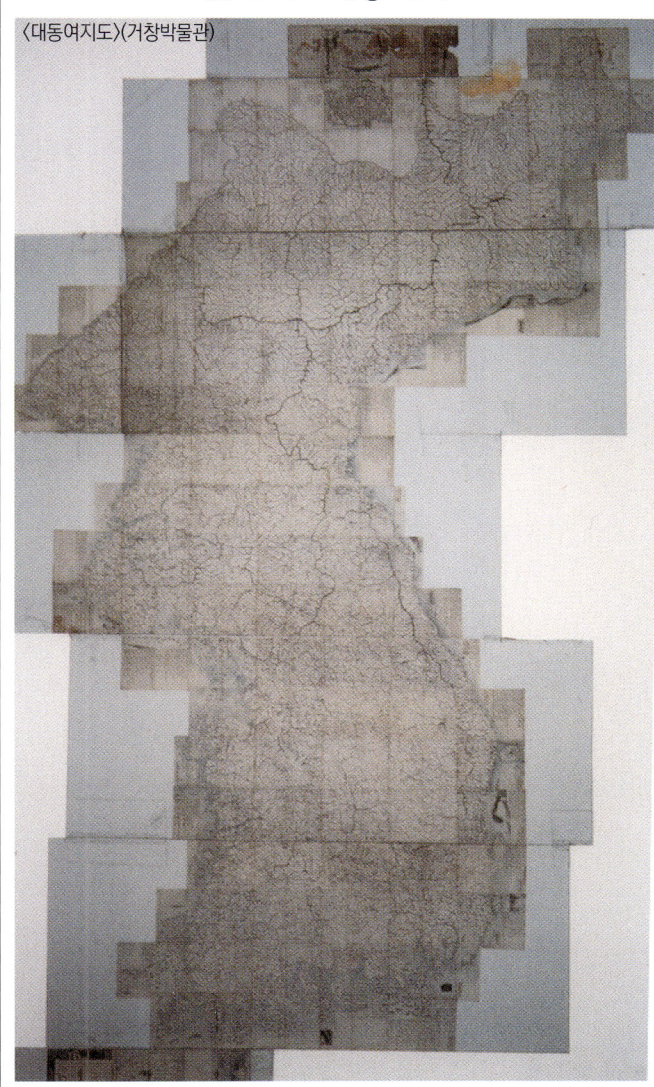
<대동여지도>(거창박물관)

<대동여지도>는 우리나라의 전국 지도로, 1861년 고산자 김정호가 <청구도>를 보완하여 만들었어요. 목판으로 제작된 <대동여지도>는 남북을 120리 간격의 22층으로 구분하고, 동서를 80리 간격으로 끊어 19판으로 구분했어요. <대동여지도>에는 산줄기와 물줄기 등이 비교적 상세하게 표현되어 있으며, 다양한 정보가 기호로 표기되어 쉽게 이해할 수 있지요. 10리마다 눈금을 찍어 거리도 표시하였어요. 또한 접고 펼 수 있도록 만들어 가지고 다니기에 편리했답니다.

또다른 조선의 지리학자 정상기의 <동국지도>

<동국지도>

정상기의 <동국지도>는 9폭의 지도첩으로, 우리나라 최초의 축척 표시 지도예요. <전국도(全國圖)>와 <도별도(道別圖)>로 구성되어 있지요. <동국지도>는 방위, 축척 등이 매우 정확하다는 평가를 받고 있어요. 또한 도별로 채색을 달리하였으며, 산과 하천 등도 색으로 구별해 놓았답니다.

PHOTO ALBUM

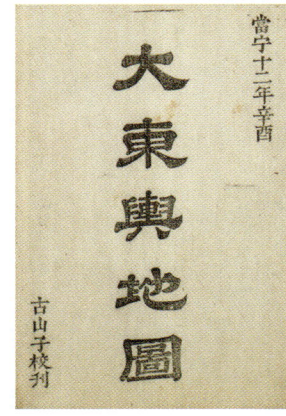
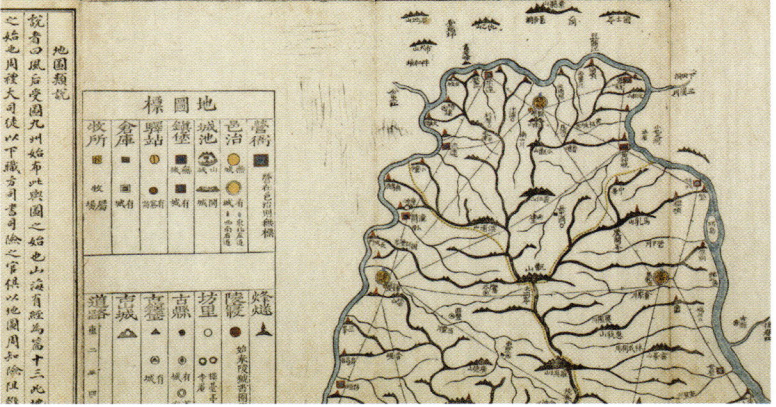

김정호의 〈대동여지도〉

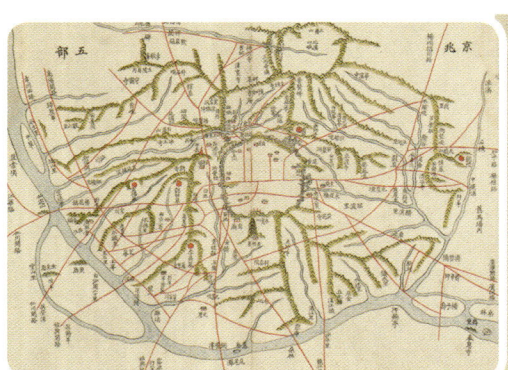

〈대동여지도〉를 제작하기 전에 만든 〈동여도〉

〈수선전도(首善全圖)〉(서울의 지도)

〈대동여지도〉를 축소하여 만든 〈대동여지전도〉

김정호

사진첩

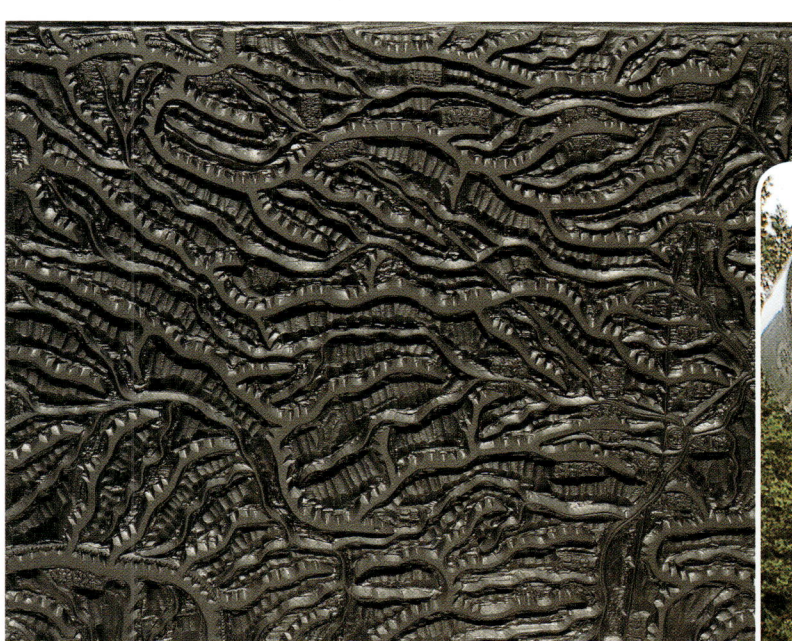
대동여지도 목판(부분)

김정호가 살았던 곳에 세워진 기념비

고산자 김정호의 동상

규장각 도서들을 관리하고 있는
서울대학교 내의 규장각